Christine Lange

# Die richtige Zäumung

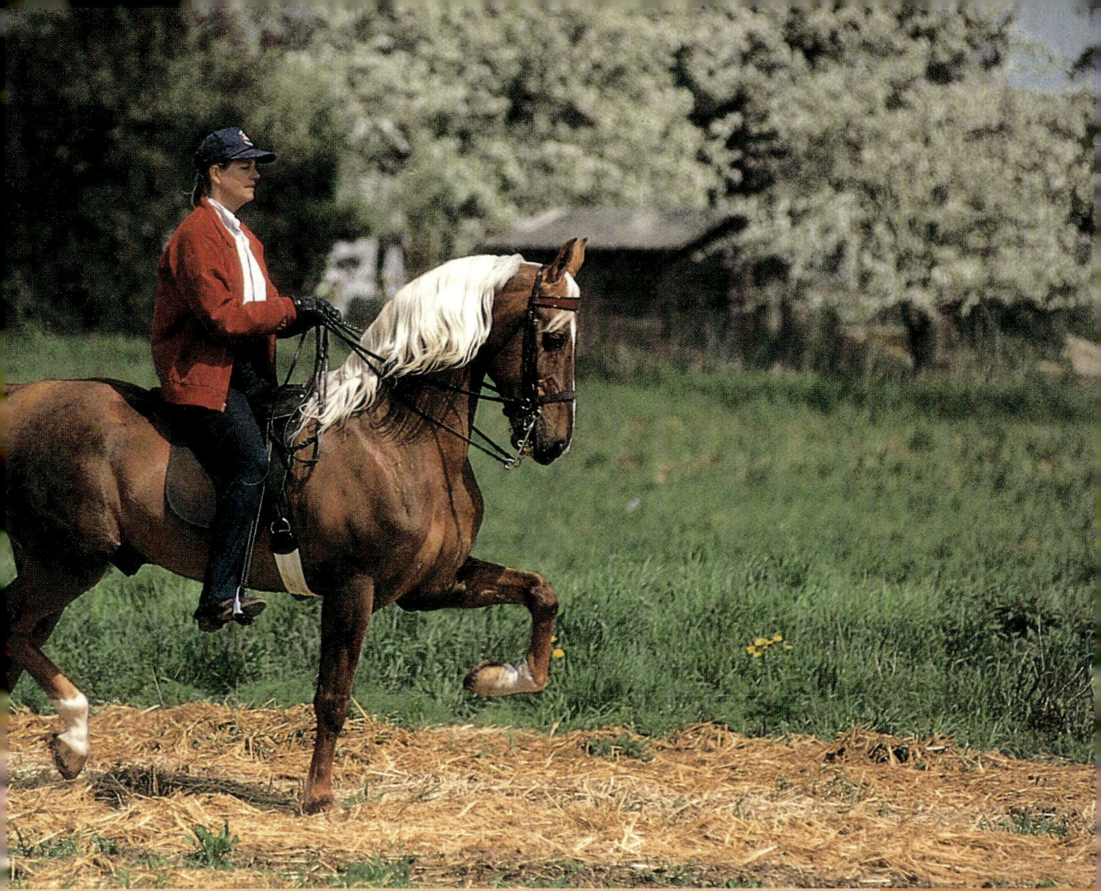

# Die richtige Zäumung

Christine Lange

blv

BLV Freizeit REITEN

# Inhalt

# Zum Thema

Ob gebisslos...

oder als Trense oder Kandare, ...

Zäumungen dienen der Verständigung.

7

# Praxis-Wissen

## Verständigung mit dem Pferd

*Sie lieben Pferde und Sie haben Ihre Leidenschaft fürs Reiten entdeckt! Diese Sportart bietet mehr als das Vergnügen an aktiver Bewegung: das Zusammensein mit dem Partner Pferd. Um dieses Zusammensein als harmonische Partnerschaft zu erleben, müssen Sie und Ihr Pferd einander verstehen können.*

**Zwei, die sich verstehen ...**

### Austausch von Botschaften

Weiß Ihr Pferd eigentlich, was Sie von ihm wünschen, wenn Sie mit ihm sprechen, Ihren Körper bewegen, es mit Gerte oder Schenkeln berühren oder an den Zügeln zupfen? Oder ignoriert es Ihre Anweisungen, zeigt vielleicht sogar Angst? Sagt sein Benehmen Ihnen: »Ich kann Deine Botschaft nicht entschlüsseln!« oder aber: »Ich will nicht gehorchen!«?

Damit Sie sich mit Ihrem Pferd verständigen können, müssen Sie sich einer Sprache bedienen, die Sie beide beherrschen. Und Sie müssen Ihr Pferd davon überzeugen, dass Sie sein Vertrauen und seinen Gehorsam auch wirklich verdienen.

## Die reiterlichen Hilfen

In der Reitersprache nennt man die Signale eines Reiters »Hilfen«. Mit dem Gewicht Ihres Körpers, mit Schenkeln und Zügeln wirken Sie auf das Pferd ein. Wenn Sie dabei feinfühlig vorgehen, lernt Ihr Pferd diese Hilfen schnell zu deuten, denn sie beruhen auf natürlichen Gesetzen: Ihr Pferd passt sich der Verlagerung Ihres Körpergewichts an, weicht dem Druck des Schenkels und folgt dem Zügel in die angedeutete Richtung. Als unterstützende Hilfen setzen Sie zusätzlich Ihre Stimme und eine Gerte oder eine Longierpeitsche ein.

**Körpergewicht, Schenkel und Zügel wirken auf das Pferd ein.**

## Die Sprache des Pferdes

Das Pferd benutzt Ihnen gegenüber die »Pferdesprache« – ein Veständigungssystem aus Körperhaltungen und Bewegungen. Folgt es Ihnen gelassen am Führstrick und dehnt sich unterm Sattel vorwärts-abwärts mit schwingendem Rücken, sagt es Ihnen damit: »Ich folge dir gern – ich bin zufrieden!« Stürmt es dagegen beim Führen mit erhobenem Hals an Ihnen vorbei oder bockt und steigt unterm Sattel, drückt es damit aus: »Ich kann nicht, ich will nicht!«

### Erziehung und Ausbildung

Am besten gehen Sie und Ihr Pferd bei einem erfahrenen Ausbilder in die Schule. Er weiß, wie er Ihr Pferd zu einem eifrig mitarbeitenden Reitpferd erzieht, und zeigt Ihnen auf, wie Sie sich durch feine Hilfen Ihrem Pferd verständlich machen. In allen Bereichen spielt dabei ein besonderes Ausrüstungsteil eine wichtige Rolle: die richtige Zäumung.

### Ursprung der Zäumung

Der Begriff Zaumzeug stammt von »zoum« (ahd. = ziehen) ab. Als der Mensch das Pferd zähmte, erkannte er bald, dass er ein Hilfsmittel brauchte, um Kraft und Vorwärtsdrang des starken Tieres nutzen, aber auch kontrollieren zu können. Zunächst verwandte er dazu Stricke aus Häuten und Naturfasern. Aus ihnen entwickelten sich im Laufe der Jahrtausende die vielfältigsten Zäumungsarten.

**Welches Gebiss für welchen Zweck?**

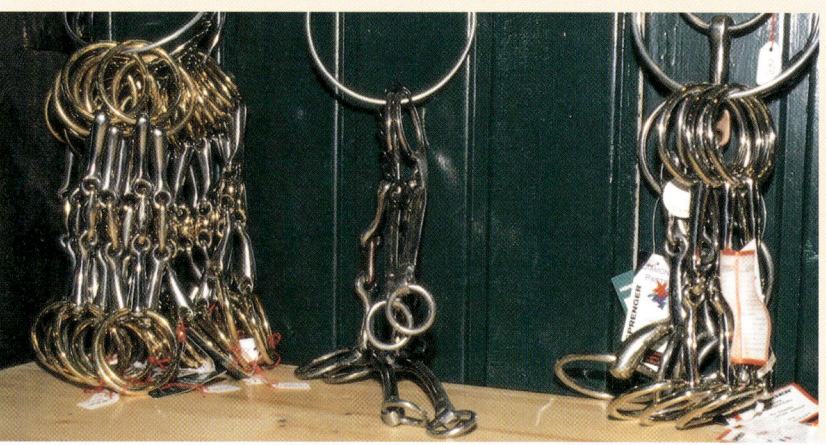

10

### Der Pferdekopf

Die meisten Zäumungen erzielen ihre Wirkung durch Druck und Berührung verschiedener Bereiche von Pferdekopf und Pferdemaul. In der Maulhöhle befindet sich ein handbreiter zahnfreier Bereich, im Unterkiefer als »Laden« bezeichnet. Dieser Laden macht die Verwendung von Zäumungen mit Gebissen möglich. Hier kann das Pferd das Mundstück als Verständigungsmittel wahrnehmen. Andere Zäumungen drücken auf den Nasenrücken des Pferdes, auf seine Kinngrube und sein Genick. So wie Sie selbst auf einen leichten Schlag auf Ihre Nase zurückweichen, reagiert auch das Pferd auf impulsartigen Druck in diesen Bereichen reflexartig. Wichtig ist jedoch immer, dass eine Zäumung keinen Schmerz hervorruft. Denn Schmerz verhindert die Verständigung.

Die Zäumung wirkt auf den Kopf des Pferdes ein.

# Die wichtigsten Zäumungsarten

In den letzten Jahrtausenden wurden nachweisbar knapp 700 Zäumungsarten erfunden. Mit Hilfe der richtigen Zäumung können Sie Ihrem Pferd in allen Ausbildungsphasen das Lernen erleichtern. Man unterscheidet zwischen gebisslosen Zäumungen und solchen mit Gebiss. Zäumungen mit Gebiss wiederum gibt es mit und ohne Hebelwirkung.

## Gebisslose Zäumungen

Die gebisslose Zäumung ist eine Zäumungsart ohne Mundstück. Sie übt Druck auf Nasenrücken, Genick und Kinn des Pferdes auf und ruft hier Reflexbewegungen hervor: Das Pferd weicht dem Druck. Daher sind bestimmte gebisslose Zäumungen für die Grunderziehung, das Anreiten und die Korrektur des Pferdes geeignet.

Welche Zäumung geeignet ist, hängt von vielen Faktoren ab.

## Halfter, Kappzäume, Trainings- und Reitzäume

Im deutschsprachigen Raum werden verwendet:

- Halfter,
- Kappzaum (in verschiedenen Spielarten),
- Echte Hackamore,
- Sidepull,
- Merothisches Reit- und Führhalfter (MR) (eine Mischform),
- Mechanische Hackamore,
- Südamerikanischer »Bozal« (in verschiedenen Spielarten),

Halfter, Kappzaum, MR und Südamerikanische Bozals können mit einem Gebiss kombiniert werden.

## Halsstrick und Halsring

Noch weniger Material ans Pferd bringen Halsstrick und Halsring. Diese einfachen Hilfsmittel zeigen gut auf, wie sich ein Pferd sogar über Reflexpunkte am Unterhals, in der Kehlgrube und an den Halsseiten beeinflussen lässt.

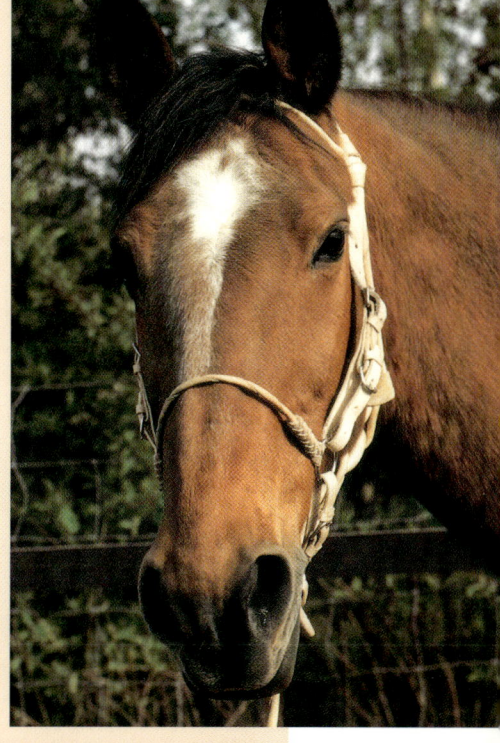

**Halfterähnliche Zäumungen sind für die Grunderziehung gut geeignet.**

## ! Bitte merken Sie sich:

Jede gebisslose Zäumung darf nur impulsartig eingesetzt werden.

Das heißt, Führstrick, Führzügel, Longe oder Zügel werden nur kurz angenommen und sofort losgelassen.

Reagiert das Pferd nicht, wird so lange »gezupft«, bis die erwünschte Reaktion erfolgt.

Niemals aber wird anhaltend gezogen! Gegen anhaltenden Druck baut das Pferd Gegendruck auf. Statt zu gehorchen lernt es, sich zu widersetzen.

### Zäumungen mit Gebiss

Während gebisslose Zäumungen nur eine begrenzte Einwirkung auf das Pferd erlauben, ermöglicht ein Mundstück eine feinere Verständigung. So wurden im Laufe der Zeit Mundstücke aus Leder, Därmen, Stricken und Metall entwickelt.

## ! Einsatzbereiche auf einen Blick:

| | |
|---|---|
| Halfter: | Umgang, Grunderziehung, einfache Longe |
| Kappzaum: | Grunderziehung, einfache Longe, Anreiten |
| Echte Hackamore: | Anreiten, Grundausbildung unterm Sattel |
| Sidepull: | Anreiten, Korrektur, Anfängerunterricht, Geländereiten |
| MR: | Umgang, Grunderziehung, Anreiten, Korrektur, Geländereiten |
| Mechanische Hackamore: | Geländereiten |
| Südamerikanischer Bozal: | Grunderziehung, einfache Longe, Anreiten, Korrektur |
| Halsstrick: | einfaches Führen und Lenken |
| Halsring: | verfeinerte Form des Lenkens vom Pferderücken aus |

### Trensen- und Kandarengebisse

Metallene Gebisse wurden und werden in vielen Formen geschmiedet. Einige bestehen aus zwei Teilen, die in der Mitte durch ein Gelenk verbunden sind. Die Zügel werden in direkt mit dem Mundstück verbundene Ringe geschnallt. Für diese Zäumungen bürgerte sich der Name Trense ein. Andere Mundstücke haben die Form einer Stange zwischen zwei mehr oder weniger langen Seitenteilen, den »Hebeln«. An diesen Hebeln werden die Zügel befestigt. Eine solche Zäumung nennt man Kandare.

*So wirkt die Trensenzäumung*

Bei Trensenzäumungen wirkt die Kraft, welche durch Hand und Zügel das Gebiss erreicht, *direkt* auf das Pferdemaul ein:

1. auf die Lefzen,
2. auf die Laden und
3. (mehr oder weniger stark) auf die Zunge des Pferdes.

Wie es darauf zu reagieren hat, muss das Pferd erst lernen. Diesen Lernvorgang erleichtert ein Mundstück aus zwei oder drei Teilen. Bei seitlicher Zügelannahme leitet es das Pferd in die gewünschte Richtung hinein. So wird die seitliche Biegung seines Körpers gefördert; es wird »gymnastiziert«. In Verbindung mit den treibenden Hilfen regt die Trense das Pferd an, auf ihr herumzukauen. Durch die Kaubewegungen gibt die Nackenmuskulatur nach, das Pferd streckt sich vorwärts-abwärts. Diese Dehnungshaltung kräftigt seinen Rücken.

*So wirkt die Kandarenzäumung*

Bei der Kandarenzäumung wirkt die Hand am Zügel indirekt über die Hebel auf das Pferd ein:

Araberstute mit Trensenzäumung.

**!**

**Merke:**

Aufgrund ihrer Wirkweise ist die Trensenzäumung die einzig richtige Zäumung für die dressurmäßige Grundausbildung des Pferdes.

1. Der Unterbaum biegt sich nach hinten, die Kinnkette drückt auf die Kinngrube.

2. Das Mundstück drückt auf Zunge und Laden.

3. Der Oberbaum bewegt sich nach vorn und verkürzt das Backenstück, das nun aufs Genick drückt.

Schon ein leichtes Annehmen der Zügel übt so viel Druck auf das Pferd aus, dass es ohne Kampf die gewünschte Kopfhaltung einnimmt. Hierin liegt eine große Gefahr für den ungeübten Reiter, der oft nicht bemerkt, dass weder er noch sein Pferd »kandarenreif« sind. Jede Kandarenzäumung ist nur für ein zuvor auf Trense weit ausgebildetes Pferd geeignet. Durch die Kandare wird es nun noch in seiner Haltung verbessert und in seiner Reaktion auf die Hilfen verfeinert.

**Die Kandare soll das Pferd aufrichten und seine Reaktionen noch verbessern.**

## ! Merke:

Die Kandare oder Stange eignet sich ausschließlich für Pferde auf hohem Ausbildungsniveau und für sehr gute Reiter mit ausbalanciertem Sitz und behutsamer Hand.

# Einsatzbereiche auf einen Blick:

| | |
|---|---|
| Trensen-zäumungen: | einfache Longe, Doppel-longe, dressurmäßige Grundausbildung, Spring-reiten, Geländereiten |
| Kandaren-zäumungen: | dressurmäßiges Reiten auf hohem Niveau, Westernreiten mit ein-händiger Zügelführung |
| Zwischen-formen: | Übergangs- und Korrekturzäumung |

## Zwischenformen/Spezial-gebisse

Neben Trensen- und Kandarenzäumungen gibt es einige Zwischenformen. Dazu zählen Trensengebisse mit Hebel-wirkung bzw. Kandaren mit extrem kurzen Bäumen. Zwischenformen werden als Übergangsgebiss oder zur Korrektur eingesetzt.

**Das Kimblewick ist ein Spezialgebiss fürs Gelände.**

# Zaumzeug-Zubehör

Jede Zäumung erfüllt erst dann ihren Zweck, wenn sie korrekt am Pferdekopf befestigt ist. Dabei darf sie das Pferd weder einengen noch verletzen. Die Hilfen des Reiters müssen präzise und schmerzfrei auf den richtigen Kopfbereich wirken. Daher spielt das Zubehör eine wichtige Rolle.

**Das richtige Zubehör befestigt die Zäumung am Pferdekopf.**

## Bestandteile

Unverzichtbarer Bestandteil der Zäumung ist das Kopfstück; die Verbindung zwischen Hand und Pferdekopf stellt der Zügel her. Bei Zäumungen mit Mundstück kommt das jeweilige Gebiss hinzu. Um seine Lage im Pferdemaul zu stabilisieren, kann zusätzlich ein Reithalfter verwendet werden.

## Kopfstück der gebisslosen Zäumung

Gebisslose Zäumungen sind wie Halfter aufgebaut. Das Kopfstück besteht aus Genickstück, Backenstücken, Kehlriemen, Nasenriemen und Kinnriemen sowie einem Stirnriemen. Bei Kappzäumen und Reitzäumen ist das Nasenteil entweder durch Metall verstärkt oder aus besonders festem Material gearbeitet. Als Materialien werden Leder, Rohhaut, Nylonband, Natur- oder Kunstfaserseil verwendet.

## Kopfstück der Trensenzäumung

Das Kopfstück der Trensenzäumung besteht auch aus Genickstück, Backenstücken, Kehlriemen und Stirnriemen. In die Backenstücke wird das Mundstück eingeschnallt. Zwischen Kehlriemen und Kehle muss Ihre Faust passen; zwischen Stirnriemen und Pferdestirn müssen zwei Finger Platz haben.

## Kopfstück der Kandarenzäumung

Auch bei der Kandarenzäumung besteht das Kopfstück aus diesen Bestandteilen. Die Backenstücke werden jedoch in die oberen Hebelringe geschnallt, zwischen denen auch die Kinnkette (oder der Kinnriemen) verläuft.

## Besondere Kopfstücke

*Einohrzaum* heißt ein Kopfstück des Westernreiters, das sich für Trensen- und Stangenzäumungen eignet. Es besteht aus einem in der Länge verstellbaren Riemen, der von einem Ring des Mundstücks über das Genick zum anderen Ring führt. In Ohrhöhe befindet sich eine Schlaufe für das Pferdeohr.

## Reithalfter

Manchmal versucht ein Pferd, sich der Einwirkung des Gebisses zu entziehen, indem es das Maul aufsperrt. Ein guter Reiter aber möchte das Pferd motivieren, das Gebiss anzunehmen. Daher benutzt er zusätzlich ein Reithalfter, um die Lage des Gebisses im Pferdemaul zu stabilisieren.

**Kandarenzaum:
Das Backenstück wird im Ring des Oberbaums, das Zügelpaar im Ring des Unterbaums eingeschnallt.**

## Reithalfter für Trensen- und Kandarenzäumungen

### Englisches Reithalfter

Dieses pferdefreundliche Reithalfter hat ein gepolstertes Nasenband, das etwa 2 Finger breit unterhalb des Jochbeins sitzen muss. Zwischen Schnalle und Kehle finden 2 Finger Platz. Das Halfter verhindert das Aufsperren des Maules, beeinträchtigt jedoch nicht die Atmung.

### Amerikanisches Reithalfter

Ähnlich wirkt das Amerikanische Reithalfter mit einem Nasenband aus rundgedrehtem Leder. Öffnet das Pferd das Maul, übt das Nasenband Druck auf den Nasenrücken aus. Angelegt wird es wie das Englische Reithalfter.

**Shire-Stute mit englischem Reithalfter.**

## Reithalfter nur für Trensenzäumungen

### Englisches Reithalfter mit Zusatzriemen (Kombiniertes Halfter)

Dieses Halfter besitzt am vorderen Nasenteil noch eine Schlaufe. Ziehen Sie durch diese Schlaufe einen schmalen Zusatzriemen (einen so genannten Sperrriemen). Führen Sie ihn von außen unten um das Gebiss herum und verschnallen Sie ihn so in der Kinngrube, dass noch 2 Finger zwischen Riemen und Kinn passen.

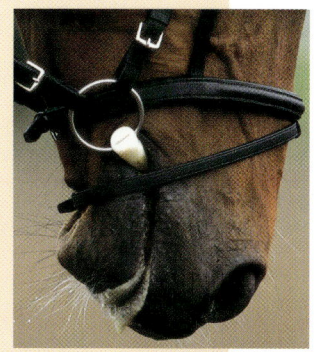

### Mexikanisches Reithalfter (Kreuzhalfter)

Dieses Reithalfter besitzt zwei sich auf dem Nasenrücken kreuzende Riemen, die durch eine Lederrosette – knapp unter dem Jochbein – zusammengehalten werden. Der obere Kreuzriemen wird wie das Nasenband, der untere wie der Zusatzriemen des Kombinierten Reithalfters geschnallt.

### Hannoversches Reithalfter

Beim Hannoverschen Reithalfter liegt der Nasenriemen 4 Finger breit über dem oberen Nüsternrand auf dem knöchernen Nasenteil. Die Kinnriemen werden unterhalb des Gebisses so geschlossen, dass zwischen Riemen und Kieferästen 2 Finger Platz finden. Verwenden Sie das Hannoversche Reithalfter nur bei Pferden mit langer Maulspalte, sonst liegt es zu tief auf und beeinträchtigt das freie Atmen. Richtig eingesetzt, hält es das Gebiss im Pferdemaul sehr ruhig.

Ganz oben:
So sitzt der Zusatzriemen am Englischen Reithalfter richtig.

Oben: So verschnallt, engt das Hannoversche Reithalfter nicht ein.

### Zügel

Der Zügel stellt die Verbindung zwischen Zaum und Reiterhand her. Beim Reiten wird hierfür der Reitzügel, bei der Arbeit vom Boden der Führzügel bzw. -strick oder die Longe benutzt.

### Reitzügel

In der klassischen Reitweise sind die Zügel zwischen 13 und 19 mm breit und insgesamt zirka 2,75 m lang. Beliebte Materialien sind Gurtband mit oder ohne

Lederstege und glattes oder geflochtenes Leder. Westernreiter benutzen in der Texas-Reitweise »Split Reins« – zirka 1 cm schmale und geteilte lange Lederzügel, in der kalifornischen Reitweise geschlossene Zügel mit einer peitschenartigen Verlängerung, den »Romal«. Einige Freizeitreiter bevorzugen Natur- und Nylonseile.

### Führzügel und Longe

Mit dem Führzügel aus Leder, Nylon- oder Gurtband arbeiten Sie das Pferd vom Boden aus. Im Alltag in Stall und Hof wird ein Strick aus Kunst- oder Naturfasern bevorzugt. Für die Longenarbeit verwenden Sie eine 8 m lange Longe aus Gurtband, Leder, Kunstleder, Nylon- oder Hanfseil; die Doppellonge ist mit 16 oder 18 m etwa doppelt so lang.

## Hilfszügel

Hilfszügel werden nicht während der Grunderziehung oder beim Anreiten eingesetzt, sondern erst, wenn das Pferd an der Longe oder unterm Sattel gymnastiziert werden soll. Als Freizeitreiter benutzen Sie ausschließlich den Halsverlängerer und das Martingal. Alle anderen Hilfszügel – unter anderem Ausbindezügel, Stoßzügel, Schlaufzügel, Chambon und Gogue – gehören ausschließlich in die Hände des versierten Ausbilders.

### Halsverlängerer

Der Halsverlängerer zeigt dem Pferd behutsam den Weg zur Vorwärts-Abwärts-Streckung des Halses auf. Das elastische Rundband wird über das Genick des Pferdes hinunter zu den Trensenringen und durch sie hindurch zum Longiergurt oder zum Sattel geführt. Durch einen Schieber können Sie es verkürzen oder verlängern.

## Bitte beachten Sie:

Ein Hilfszügel darf weder die Stirnlinie des Pferdes hinter die Senkrechte ziehen noch die Streckung des Halses behindern.

### Martingal

Es ist besonders gut fürs Gelände geeignet und verhindert das Hochreißen des Pferdekopfes, ohne die Vorwärts-abwärts-Dehnung zu stören. Der lange Riemen verläuft vom Sattelgurt zwischen den Vorderbeinen des Pferdes, fädelt sich durch einen Befestigungsriemen um den Pferdehals und gabelt sich am Ende in zwei Riemen auf. Durch zwei Ringe am Riemenende werden die Zügel geführt.

# Einfache Hilfszäumungen

Haben Sie sich schon einmal ausgemalt, wie herrlich es sein müsste, Ihr Pferd nur mit einer Hand in der Mähne zu lenken? Leider ist selbst auf einer eingezäunten Wiese ein Reitversuch ohne Zaumzeug mit hohem Risiko verbunden. Dennoch können Sie Ihren Wunsch wahr machen, indem Sie auf einfache Hilfszäumungen wie Halsstrick oder Halsring zurückgreifen.

### Anforderungen an die Reitbahn

Für das Reiten mit Halsstrick oder Halsring sind Reithalle oder -platz nicht geeignet. Ein solches Hilfsmittel kann kein Pferd ernsthaft abhalten, Tempo, Gangart und Richtung nach Belieben zu wechseln! Das geringste Unfallrisiko besteht

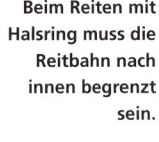

**Beim Reiten mit Halsring muss die Reitbahn nach innen begrenzt sein.**

auf einer kleinen ovalen Bahn, die sowohl nach außen als auch nach innen hin begrenzt ist (eine so genannte »Signalreitbahn«). Sie können auch einen eingezäunten Longierzirkel durch einen Mobilzaun, Tonnen, Kanister oder Strohballen nach innen hin einfrieden. Der Boden sollte weich sein, damit Sie sich bei einem Sturz nicht verletzen.

## Anforderungen an das Pferd

Ihr Pferd muss sich leicht führen lassen, zuverlässig auf Stimmkommando anhalten und gut auf Schenkel- und Gewichtshilfen reagieren. Reiten Sie auf jeden Fall mit Sattel. Machen Sie einen Knoten in den Zügel und legen ihn vor sich auf den Pferdehals.

## Der Halsstrick

Der Halsstrick bereitet das Pferd auf das gebisslose Reiten vor. Sie können ein langes Führseil benutzen. Schlingen Sie den Strick wie eine Schlaufe um den Pferdehals und halten ihn in einer Hand. In der Vorwärtsbewegung liegt die Schlaufe locker um den Pferdehals. Zum Anhalten werfen Sie sie mit leichter Vorwärts-aufwärts-Bewe-

**Hier ersetzt ein einfacher Hula-Hoop-Reifen den Halsring.**

**Halsringarbeit setzt ein ruhiges Pferd voraus.**

gung nach oben und wirken am Kehlkopf kurz, aber spürbar ein. Das löst den Reflex zum Anhalten aus. Das Pferd lernt, dem knappen Impuls zu folgen – das Zurücknehmen des Drucks belohnt seinen Gehorsam.

### Der Halsring

Der Halsring wurde erstmals bei der Ausbildung von Pferd und Reiter im FS-Reitzentrum* verwendet. Er besteht aus einem festen, umwickelten Drahtring; einige Lehrbetriebe verwenden auch Hula-Hoop-Reifen. Beim stehenden Pferd liegt er locker um den Pferdehals, zum Anreiten bewegen Sie ihn nach vorn. Zum Durchparieren schwingen Sie ihn zum Kehlkopf des Pferdes hoch und wirken hier impulsartig ein. Wendungen leiten Sie ein, indem Sie die Innenseite des Halsrings an die jeweilige Außenseite des Pferdehalses anlegen.

## ! Wichtig zu wissen:

● Pferde, die im Anfängerunterricht mit Halsring eingesetzt werden sollen, müssen sorgsam trainiert werden.

● Auch um Problempferde mit dem Halsring zu korrigieren, bedarf es erfahrener Ausbilder.

*) Das FS-Reitzentrum ist eine 1977/78 von der Hippologin Ursula Bruns eröffnete Reitanlage, die weltweit zum Vorbild für artgerechte Pferdehaltung und moderne Reitpädagogik wurde. Hier wurde auch die *Leichte Reitweise nach Bruns-Behr*, eine Methode des Reitunterrichts für Anfänger, entwickelt.

# Gebisslose vorbereitende Zäumungen

Synthetikhalfter gibt es in vielen Ausfertigungen.

Schon unsere Vorfahren entdeckten, dass ein Strick allein nicht genügt, um ein Pferd zu kontrollieren. So entwickelten sie *Halfter*, nach deren Vorbild später *Kappzäume* entstanden. Halfter und Kappzaum bereiten das Pferd auf seine Rolle als Reitpferd vor.

### Halfter

Halfter gibt es für die unterschiedlichsten Verwendungszwecke als

● Stall- und Transporthalfter (Leder, Synthetikgewebeband),

● Arbeitshalfter (Nylonseil, Rohhaut),

● Unterziehhalfter (Baumwollband),

● Reit(übungs)halfter (Leder, Rohhaut) und

● Showhalfter (Leder mit Verzierungen).

---

**!**

## So sitzt das Halfter richtig:

● Das Nasenband verläuft so hoch auf dem Nasenbein, dass die Atemwege nicht beengt werden.

● Zwischen Pferdekopf und Kinnstück muss Ihre flache Hand passen.

● Das Genickstück verläuft 1 bis 2 cm hinter den Pferdeohren.

● Das Kehlband sitzt etwas enger als der Kehlriemen des Trensenzaumes.

**Verknotung am Seilhalfter.**

### So wirkt das Halfter

Mit dem Halfter wirken Sie auf den Nasenrücken und minimal auf das Genick des Pferdes ein. Breite, weiche Riemen nimmt Ihr Pferd weniger wahr, schmale und härtere wirken präziser. Seilhalfter mit Verknotungen in Höhe der Jochbeinleisten verstärken den Druck auf die Reflexzonen. Beim Führen muss Ihr Pferd Ihre Signale auf seinem Nasenrücken wahrnehmen. Benutzen Sie daher ein Leder- oder Synthetikbandhalfter mit einer 40–75 cm langen Führkette oder ein etwas schärferes Seilhalfter ohne Führkette.

Beim Longieren verwenden Sie ein stabiles Leder- oder Synthetikbandhalfter ohne Führkette, beim störrischen oder heftigen Pferd ein festes Seilhalfter. Achten Sie auf perfekten Sitz, das Halfter darf nicht in den Augenbereich rutschen! Stellen Sie durch sanftes Annehmen und Nachgeben der Longe die Verbindung zum Pferdekopf her.

Für Reitübungen empfiehlt sich ein Nylon- oder Naturseilhalfter, auch mit Verknotungen. Beim Einschnallen der Zügel dürfen keine Metallteile den Pferdekopf berühren. Reiten Sie einhändig mit »zupfenden« Hilfen und galoppieren Sie nur, wenn Ihr Pferd auf Stimmkommando sicher anhält.

**!**

## So legen Sie die Führkette an:

- Fädeln Sie die lange Kette auf der linken Seite des Pferdekopfes in den linken unteren Halfterring ein.
- Schlingen Sie sie einmal um das Nasenteil des Halfters und fädeln sie durch den rechten unteren Halfterring.
- Ziehen Sie sie nach oben zum rechten oberen Ring und klinken Sie sie hier ein.

## Kappzäume

Kappzäume bauen auf dem Prinzip des Halfters auf. Sie dienen der Gehorsamserziehung und werden fürs Longieren und Anreiten benutzt. Um genauer auf den Nasenrücken einwirken zu können, besteht der Nasenriemen aus besonders festem Material (Leder, Rohhaut) oder wird durch Metall verstärkt. Die Berber sollen den Kappzaum erfunden und auf die Iberische Halbinsel gebracht haben. Von hier aus verbreitete er sich über Europa und gelangte später nach Südamerika. Seine Blüte erlebte er im Zeitalter des Barock.

### Klassischer Kappzaum

Aus schwerem Leder ist der Klassische Kappzaum (nach Reitmeister Antoine de Pluvinel, 1555 bis 1620, auch *Pluvinel*-Zaum genannt) gearbeitet. Auf den gepolsterten Nasenriemen ist ein Eisenbügel aufgenäht; in mittig und seitlich angebrachte Ringe werden Longe oder Zügel eingeschnallt. Heute gibt es diesen Kappzaum auch aus doppelt genähtem Nylongewebeband.

**! Warnhinweis:**

Reiten Sie mit Halfter niemals im freien Gelände, sondern auf einem eingefriedeten Platz, besser noch einer Signalreitbahn oder im Longierzierkel.

**Der klassische Kappzaum – hervorragend für die Ausbildung geeignet.**

### Spanischer Kappzaum (Serreta)

Der Spanische Kappzaum ist leichter und erinnert an ein schmales Lederhalfter. In das gepolsterte Nasenteil ist eine Eisenspange eingearbeitet. Eine sehr scharfe Spielart ist der »Cabezon«, dessen Naseneisen ungepolstert auf dem Nasenrücken aufliegt.

### Französischer Kappzaum (Caveçon)

Nicht zu verwechseln mit dem Cabezon ist der französische Caveçon. Dieses schmale Lederhalfter wird in der französischen Gardien-Reitweise während der Grundausbildung des Camarguepferdes benutzt. Das Nasenteil besteht aus einer Art mit Leder überzogenen Kette.

**Einem schmalen Halfter ähnelt die Spanische Serreta.**

### Kolumbianischer Bozal

Mit den Pasopferden kamen auch die südamerikanischen Kappzäume nach Europa. Der Kolumbianische Bozal aus gedrehter Rohhaut ist für Bodenarbeit und Reiten geeignet. Seine Besonderheit sind verschiedene Einschnallmöglichkeiten sowie ein langer Führzügel, der durch den Kinnriemen zum Kehlriemen läuft und aufs Genick des Pferdes wirkt.

### So wirken Kappzäume

Die Hilfen erfolgen durch ein Rucken an Longe oder Führzügel. Der leichte Stoß auf das Nasenbein lässt das Pferd reflexartig mit Kopf und Hals in Gegenrichtung ausweichen. Korrekt angewandt, erzieht der Kappzaum das Pferd dazu, gehorsam anzuhalten, zu

Vielseitig einsetzbar ist der Kolumbianische Bozal.

## Bitte beachten Sie:

Verwenden Sie einen Kappzaum nur, wenn Sie Ihre Hilfen impulsartig geben können. Anhaltendes »Ziehen« empfindet das Pferd als unangenehmen Druck, dem es sich entgegenstemmt. Statt zu gehorchen, lernt es so, sich zu widersetzen.

wenden, sich aufzurichten und auf der Vorhand leicht zu werden. In Verbindung mit einem Gebiss übernehmen die Kappzaumzügel den überwiegenden Anteil der Zügelhilfen.

# Gebisslose Reitzäumungen

Ja, auch mit gebissloser Zäumung können Sie »richtig reiten«! Neben Halfter und Kappzaum wurden sehr früh bereits echte Reitzäumungen entwickelt. Die bekannteste historische gebisslose Zäumung ist die »Jaquima«, ein von Arabern und Mauren nach Europa gebrachter Zaum. Als er mit den Entdeckern Amerikas in die Neue Welt gelangte, entstand daraus später die Bezeichnung »Hackamore«. Diese traditionsreiche Zäumung diente als Vorbild für moderne Entwicklungen. Auch südamerikanische Bozals sind Reitzäumungen.

*Eine uralte Zäumung – die Klassische Hackamore.*

### Echte Hackamore

Echte oder Klassische Hackamore nennt man die in Amerika entstandene Version der nordafrikanischen »Jaquima«. Beim Westernreiten wird sie meist als Trainingszaum benutzt, der das Pferd auf die einhändige Zügelführung mit einem Gebiss vorbereitet. In Europa setzen viele Freizeitreiter die Hackamore auch auf Wanderritten ein.

### Machart

Die Hackamore besteht aus zwei Teilen, dem Bosal und der Mecate. Der Bosal ist das direkt auf der Nase aufliegende Nasenstück aus Rohleder (»rawhide«). Die Schenkel des Nasenteils vereinigen sich unter dem Kinn des Pferdes in einem Lederknopf. Je fester und schwerer dieser »heel knot«, desto stärker die Wirkung. Ein schmaler Riemen hält den Bosal am Pferdekopf fest.

Die Mecate ist ein aus Hanf und Pferdehaar geflochtenes, 7 m langes, raues Seil (»hair rope«), das um den »heel knot« geknüpft wird. Es dient als Zügel und Führseil und wird aufgrund seiner rauen Beschaffenheit vom Pferd am Hals deutlich wahrgenommen. So hilft die Mecate dem Pferd, die Bedeutung der einhändigen Zügelführung (»neck reining«) zu erlernen.

## Mittel- und südamerikanische Bozals

Der Begriff »Bozal« hat sich auch für die gebisslosen Zäumungen der südamerikanischen Pasopferde eingebürgert. Der peruanische Bozal aus Rohhaut wird in der Anreitphase des peruanischen Pasopferdes verwendet. In den eng anliegenden Nasenriemen wird rechts und links je ein Zügel befestigt. Später wird der Bozal mit einem Kandarengebiss kombiniert, und der Ausbilder reitet mit zwei Zügelpaaren. Der Kolumbianische Bozal ist eine in den Zuchtgebieten des Paso Finos gern benutzte gebisslose Zäumung, meist aus gedrehter Rohhaut. Er ist gut für die Grundausbildung des Freizeitpferdes, für das Anreiten, für Korrekturpferde und für Wanderritte geeignet. Um ein temperamentvolles Pferd zu kontrollieren, schnallen Sie die Zügel in der Kinnöse ein. Zum Gymnastizieren benutzen Sie die seitlich am Kopfteil angebrachten Ösen.

**Peruanischer Bozal – fast nur an Pasopferden zu sehen.**

## ! Wichtiger Hinweis:

Kolumbianische Bozals können Sie sich von Gangpferdetrainern anfertigen oder aus dem Ursprungsland mitbringen lassen.

Sidepull – für
Training und
Freizeitreiten
geeignet.

### Sidepull

Das Sidepull ist für ruhige Pferde aller Altersgruppen als Freizeitzaum geeignet und wird in zahlreichen Westernreitbetrieben im Anfängerunterricht benutzt. In Amerika dient es beim Anreiten der Richtungskontrolle des Pferdes; populär in Europa wurde es durch die kanadische Pferdetrainerin Linda Tellington-Jones. Daher wird das Sidepull in Anlehnung an »Linda« auch als Lindel bezeichnet.

### So wirkt das Sidepull

Das Sidepull besitzt ein steifes Nasenband und einen unter dem Kinn fixierten Lederriemen. Die Zügel werden rechts und links oberhalb der Maulwinkel befestigt. So wirkt die Hand sowohl auf den Nasenrücken als auch seitlich auf die Nase des Pferdes ein – eine Wirkweise, die junge Pferde gut verstehen.

### Merothisches Reithalfter

Eine interessante Zäumung ist das von Erwin Meroth entwickelte und 1985 patentierte milde Merothische Reithalfter. Es ist für gehorsame und ruhige Pferde im Gelände und zum Vorwärts-abwärts-Reiten in der Reitbahn geeignet. Das »MR« besteht aus einem Kopfstück und einem mit Schaumstoff gepolsterten Nasenteil, in das eine elastische Stahlfeder eingearbeitet ist. Dieses Nasenteil muss auf dem knöchernen Teil des Nasenrückens liegen, um die Atmung nicht zu beeinträchtigen. Zwei am Nasenteil befestigte Riemen überkreuzen sich am Kinn des Pferdes und

**!**

### Bitte beachten:

Bei stundenlangem Einsatz (im Lehrbetrieb oder auf Wanderritten) kann das Nasenband die Haut eines empfindlichen Pferdes wund scheuern. Überziehen Sie es daher mit Fell.

werden durch Zügelführungsstücke zum Zügel geleitet. Bei Zügelaufnahme schließen sich Nasenspange plus Kinnriemen um den Nasen-Kinn-Bereich. Dieser Rundschluss löst sich, sobald das Pferd dem Druck nachgibt.

### Merothische Universalkombination

Auch das MR kann mit einem Mundstück kombiniert werden. Hierfür hat der Erfinder ein System kleiner Riemchen geschaffen – die Universalkombination –, mit deren Hilfe Sie ein Trensengebiss in das MR einschnallen können.

Das MR lässt sich zur Universalkombination erweitern.

### Mechanische Hackamore

Die mechanische Hackamore ist eine scharfe Zäumung. Sie empfiehlt sich ausschließlich für kandarenreif ausgebildete Pferde im Gelände. Sie besteht aus einem Kopfstück mit einem steifen Nasenteil entweder aus gepolstertem Leder oder aus einer gummi- bzw. lederüberzogenen Kette. An den Seiten des Nasenteils sind Hebelarme angebracht. Eine Querstange zwischen den unteren Enden der Hebelarme – auch »Distanzstange« genannt – verhindert, dass sich die Hackamore bei jedem Annehmen des Zügels zusammenzieht.

## ! Wichtiger Hinweis:

Sollten Sie jemals eine mechanische Hackamore verwenden, führen Sie die Zügel niemals beidhändig (wie es ständig zu sehen ist), sondern ausschließlich in einer Hand. Die Zügel müssen parallel zueinander stehen.

# Gebisse: Grundwissen

Bei allen Zäumungen mit Gebiss hat das Mundstück die größte Bedeutung. Form, Material und Gewicht spielen eine erhebliche Rolle in den verschiedenen Ausbildungsphasen und bei Problemstellungen. Darüber hinaus müssen Sie die richtige Gebissgröße auswählen, das Gebiss korrekt einpassen, pflegen und Defekte erkennen.

Gebisse gibt es in vielen Formen und Materialien.

### Gebissformen

Im Pferdemaul hat das Gebiss Kontakt zu Laden, Zunge, Lippen und teilweise zum Gaumen. Je mehr die Konstruktion den anatomischen Gegebenheiten folgt, desto eher gewöhnt sich das Pferd an das Gebiss.

Im Allgemeinen gilt:

● Gerade Mundstücke liegen voll auf der Zunge auf, haben wenig Kontakt zu den Laden und können sich nicht in den Gaumen drücken.

● Leicht gewölbte Mundstücke folgen der Form von Laden und Zunge besser; das Pferd versucht nicht, die Zunge über das Gebiss zu schieben.

● Mundstücke mit einem Gelenk in der Mitte (einfach gebrochene Gebisse) richten sich bei harter Zügelaufnahme auf und drücken an den Gaumen (Nussknackereffekt).

## Materialien

Gebisse werden aus Metall, Kunststoff, Hart- und Weichgummi sowie Leder hergestellt. Sie unterscheiden sich durch Härte, Plastizität, Geschmack und Schleimhautverträglichkeit. Der Geschmack kann durch dauerhafte Zusätze von Aromen verändert werden.

### Metallarten

Metallene Gebisse bestehen aus Edelstahl, Legierungen oder Eisen.

● Edelstahl ist geschmacksneutral und sehr schleimhautverträglich.

● Legierungen wie »Aurigan« oder »Argentan« sollen die Kautätigkeit vermehrt anregen. Beim »Chromatieren« erhält die Oberfläche eine zusätzliche Schutzschicht.

● Unlegierter Stahl – Eisen – wird für Westerngebisse bevorzugt. Er darf nicht nur, sondern soll sogar rosten. Rostgeschmack fördert das Einspeicheln.

### Kunststoff, Gummi, Leder

Kunststoff, Gummi und Leder gelten als besonders maulfreundlich.

● Ein moderner synthetischer Werkstoff ist »Nathe«. Sicherheit gegen das Durchbeißen bietet der flexible Stahlkern.

● Hart- und Weichgummi werden seit Jahrzehnten für »milde« Gebisse benutzt. Auch sie sollten einen Stahlkern besitzen.

● Pflanzlich gegerbtes Leder entdeckte der Zaumzeugerfinder Erwin Meroth als Gebissmaterial wieder. Es passt sich der Zungenform besonders gut an.

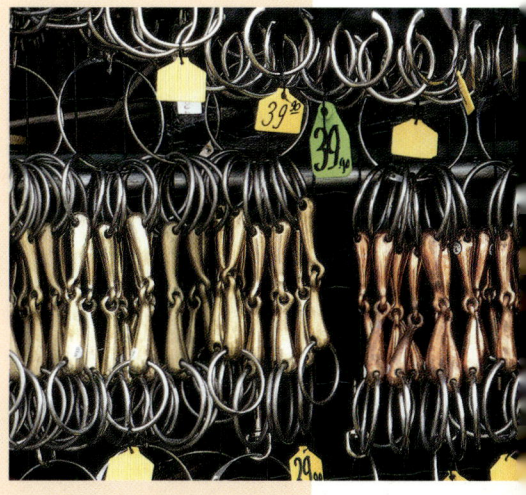

**Gebisse werden auch aus verschiedenen Metallen hergestellt.**

## Gewicht

Bei Metallgebissen gibt es leichtere, hohle und schwerere, massive Mundstücke. Während der Ausbildung empfiehlt sich ein schwereres Gebiss. Es liegt ruhiger im Maul und begünstigt das Nachgeben im Genick. Ein sehr leichtes Mundstück kann ein Pferd dazu anregen, die Zunge darüber zu legen.

## Gebissgröße

Nur ein passendes Gebiss kann ein Pferd zur Mitarbeit motivieren. Bei der Größenwahl spielen Gebissweite und -stärke, bei Trensengebissen der Durchmesser der Trensenringe, bei Kandaren die Länge der Hebel eine Rolle.

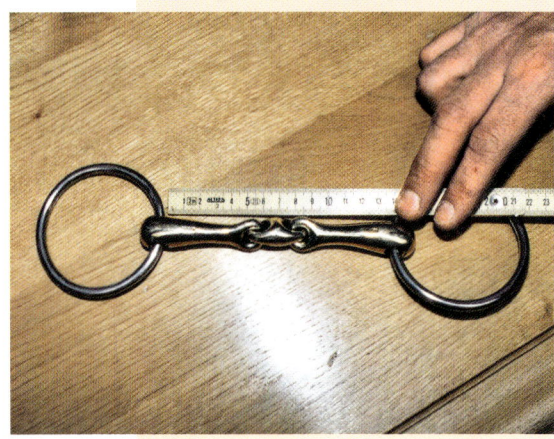

Die Gebissweite messen Sie zwischen den Trensenringen bzw. den Seitenteilen der Kandare. Sie muss der Breite des Pferdemauls entsprechen.

Die Gebissstärke hängt von Maulgröße und Pferdetyp ab. Kandarengebisse sind generell etwas dicker als Trensengebisse. Die in der klassischen Reitlehre empfohlene Mindestdicke von 14 mm für Trensen ist auf die Vielzahl zierlicher Freizeitpferderassen nur begrenzt anwendbar.

**Die Weite des Gebisses wird zwischen den Trensenringen gemessen.**

Dicke Gebisse machen ein Pferd leicht unsensibel, sodass der Reiter immer mehr Kraft aufwenden muss. In der Westernreitweise wird seit jeher ein dünneres Trensengebiss verwendet.

### Anpassen des Gebisses

Benutzen Sie zur Feststellung der Gebissweite einen Gebissweitenmesser (im Fachhandel erhältlich) oder messen Sie ein gut passendes Gebiss aus. Legen Sie es so ins Pferdemaul, dass es auf den Laden aufliegt. An jeder Maulseite muss es 0,5 bis 1 cm »Spiel« haben. Verkürzen oder verlängern Sie die Backenstücke, bis bei eingelegtem Gebiss in den Maulwinkeln eine kleine Falte entsteht.

### Gebissscheiben

Auch bei einem gut passenden Gebiss kann es vorkommen, dass Sie es bei seitlicher Zügelaufnahme durchs Maul ziehen. Wählen Sie die Gebissweite 0,5 bis 1 cm größer und ziehen Sie Gebissscheiben aus Kautschuk oder Nathe beidseitig über die Trensenringe bzw. Stangenanzüge.

### Gebisspflege und -kontrolle

Überprüfen Sie das Gebiss vor und nach jedem Gebrauch. Legen Sie nur ein intaktes Gebiss ins Pferdemaul ein. Metallgebisse dürfen weder ausgeschlagen sein noch raue Stellen oder gar scharfe Kanten aufweisen. Auch bei Gummi-, Kunststoff- und Ledergebissen achten Sie auf raue oder eingerissene Stellen. Tauschen Sie fehlerhafte Gebisse sofort aus! Spülen Sie das Gebiss nach jedem Gebrauch gründlich ab. Entfernen Sie Speichel- und Futterreste sorgsam. Benutzen Sie jedoch weder Seifenlauge noch Metallpoliturmittel.

# Trensengebisse

Für alle Arten des Freizeitreitens ist die Trense die am ehesten in Frage kommende Zäumung – für das dressurmäßige Reiten, fürs Springen sowie für Geländeritte. Bei sehr weit ausgebildeten Pferden kann sie eines Tages durch die Kandarenzäumung ersetzt oder ergänzt werden.

### Trensenformen

Alle echten Trensen werden mit einem Zügelpaar benutzt; die Zügel werden in die Trensenringe geschnallt. Über den Zügel nimmt Ihre Hand direkten Kontakt zum Pferdemaul auf und sucht die stetige leichte Anlehnung. Bei der Gebissform wird zwischen der gebrochenen und der ungebrochenen Trense unterschieden.

### Einfach gebrochene Trense

Die gebrochene Trense besteht aus zwei oder drei Teilen. Einfach gebrochen heißt sie, wenn zwei gleich große Teile durch ein Gelenk verbunden sind; die doppelt gebrochene Trense besteht aus drei Teilstücken. Die gebräuchlichste Version der einfach gebrochenen Trense ist die Wassertrense. Die berittenen Truppen schätzten einst

*Richtig: Reitschüler mit Trensenzäumung.*

40

diese Zäumung, weil sie die Pferde nicht beim Saufen behinderte. Wassertrensen gibt es in verschiedenen Stärken aus Edelstahl, Legierungen, Eisen, Nathe und Gummi. Feine Glieder besitzt die Unterlegtrense, die in der klassischen Dressur mit dem Kandarengebiss kombiniert wird. Die beim Westernreiten benutzte Wassertrense aus Eisen heißt Snaffle Bit.

Wassertrense: eine einfach gebrochene Trense mit Tradition.

*So wirken Wassertrensen*
Wassertrensen wirken auf Lefzen und Laden, weniger auf die Zunge. Bei gefühllosem Aufnehmen des Zügels besteht die Gefahr, dass sich das Gelenk in den Gaumen des Pferdes drückt (Nussknackereffekt). Diesen Effekt mindern möchte eine neue Version der Wassertrense mit zwei sanft gebogenen Teilen, die durch ein flaches Gelenk verbunden sind.

**Doppelt gebrochene Trense**
Um den Gaumendruck auszuschließen, werden doppelt gebrochene Trensen mit kleinem Mittelstück hergestellt. Besonders maulfreundliche Weiterentwicklungen sind dem Erfinder der patentierten »KK-Gebisse«, Ulrich Conrad, zu verdanken.

*So wirken doppelt gebrochene Trensen*
Auch doppelt gebrochene Trensen wirken auf Lefzen und Laden, durch die Winkelung des Mittelstücks jedoch zugleich auf die Zunge.

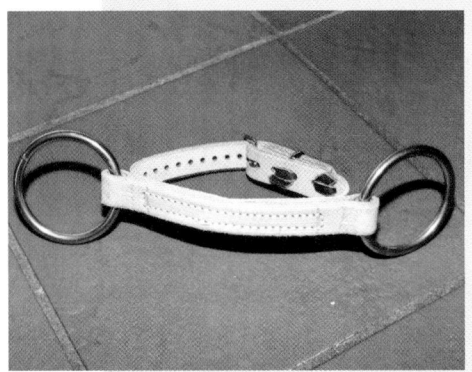

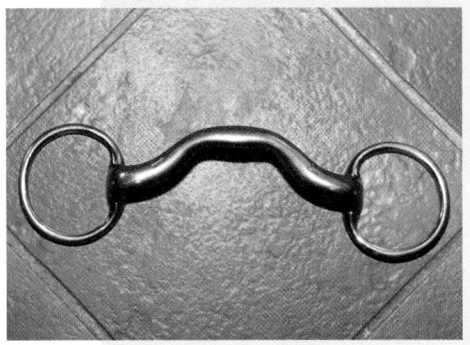

**Ungebrochene Trense**

Ungebrochene Trensen bestehen aus einem einzigen Mundstück aus Nathe, Gummi, Leder oder Metall. Nathe- und Gummimundstücke sind entweder gerade geformt oder mit einer Wölbung (Zungenfreiheit) versehen und für junge oder maulempfindliche Pferde geeignet. Spielarten sind das KK-Conrad-Korrekturgebiss sowie das KK-Conrad-Schulungsgebiss für Pferde in Ausbildung und Korrektur. Ihr Mundstück aus Aurigan oder Argentan folgt der Form von Laden und Zunge. Für das Freizeitreiten geeignet ist das von Erwin Meroth stammende Merothische Ledergebiss aus aufeinander gesteppten Lederstreifen.

*So wirken ungebrochene Gebisse*

Ungebrochene Gebisse aus Nathe und Gummi wirken mehr auf die Zunge als auf die Laden; präzise einseitige Zügelhilfen sind schwieriger als bei der gebrochenen

Ungebrochene Trensen sind das Ledergebiss (oben) und das Ausbildungsgebiss.

Trense. Bei KK-Conrad-Schulungs- und -Korrekturgebissen werden der Druck auf eine große Fläche des Mauls verteilt und das Nachgeben im Genick gefördert. Das Ledergebiss drückt sanft auf die Laden und verteilt den Druck über den Kinnriemen auch aufs Pferdekinn.

## Gebissringe

Die Wirkung einer Trense wird auch von Form, Größe und Befestigungsart der Trensenringe beeinflusst. Sie verbinden das Gebiss mit Kopfstück und Zügel. Hier wird wischen O-Ring-Trensen, Olivenkopftrensen, D-Trensen und Knebeltrensen unterschieden. Die Größe gibt den Durchmesser des Ringes in Millimetern an.

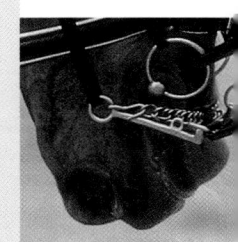

### O-Ring-Trense

Meist sind die Ringe rund und verlaufen durch ein Loch an der Seite des Mundstücks. Größere Ringe können nicht so leicht durch das Maul des Pferdes gezogen werden, wenn sich das Gebiss einmal zur Seite hin verschiebt. Bei Trensen mit kleineren Ringen sollten Sie Gebissringe verwenden. Für Pferde, die einseitig hart im Maul sind, gibt es auch Trensen mit unterschiedlich großen O-Ringen.

### Olivenkopftrense

Auf der O-Form baut die Olivenkopftrense auf. Mundstück und Trensenringe sind nicht beweglich verbunden. Stattdessen ist das Mundstück in Form olivenartiger Verdickungen verlängert. Diese Ausformung stabilisiert die Lage des Gebisses und beugt Verletzungen der Maulwinkel vor.

### D-Trense

Bei der D-Trense ist das Mundstück an den Enden noch weiter verlängert und mit D-förmigen Ringen verbunden. Dies gewährleistet eine sehr ruhige Lage. Bei der Zügelführung können Sie gezielt entweder mehr auf die Lefzen (oben) oder die Laden (unten) einwirken.

**D-Trense: Die Trensenringe haben die Form eines D.**

## Beachte:

Manchmal wird die Knebeltrense mit langen Stegen auch »Schenkeltrense« genannt.
Verwechseln Sie diese nicht mit einem Spezialgebiss gleichen Namens, bei dem jedoch die Zügel in einen unten am Steg angebrachten Ring geschnallt werden, wodurch eine scharfe Hebelwirkung erzielt wird.

### Knebeltrense

Ebenfalls maulschonend sind Knebeltrensen. Bei ihnen läuft das Mundstück wie bei einer D-Trense aus. Doch durch die Enden führt ein mehr oder minder langer Steg, der Knebel. Der eigentliche Trensenring ist entweder direkt oder kurz hinter dem äußeren Teil des Knebels angebracht. Der Knebel verhindert ein Durchziehen des Gebisses durch das Maul und verstärkt die Seitwärtswirkung des Zügels.

# Kandarengebisse

In den letzten zwei Jahrzehnten sind Kandarengebisse bei Freizeitreitern in Mode gekommen. Dies ist eine nicht ungefährliche Entwicklung, denn kaum ein Reiter fragt sich, ob sein Pferd bereits bis zur »Kandarenreife« ausgebildet ist und ob er selbst schon so fortgeschritten ist, dass er diese – in falscher Hand sehr scharfe – Zäumung feinfühlig handhaben kann.

## Kandarenformen

Je nach Reitweise und Herkunftsland werden verschiedene Kandarengebisse in unterschiedlicher Weise angewendet – in den Grundformen aber sind sie sich dennoch ähnlich.

### Klassische Kandare (Dressurkandare)

Die klassische Kandare besteht aus einem ungebrochenen gewölbten Mundstück zwischen zwei senkrechten Seitenteilen. Diese Seitenteile werden Hebel, Anzüge oder Bäume genannt. In den kleinen Ring oben am Oberbaum werden Kopfstück und Kinnkette, in den größeren Ring am Ende des Unterbaums wird der Zügel eingeschnallt. Die klassische Form finden Sie bei der im internationalen Sport verwendeten Dressurkandare wieder, die in Verbindung mit einer dünnen Unterlegtrense benutzt wird.

**Nur für Fortgeschrittene: die Kandarenzäumung (oben). Zur Dressurkandare gehört die Unterlegtrense (unten).**

Die Unterlegtrense liegt ein wenig höher im Pferdemaul; sie wirkt auf die Maulwinkel. Die Kandarenstange wirkt vornehmlich auf die Laden.

### Western Bit

Die häufigsten Abwandlungen der klassischen Form bestehen in

● einer Neigung bzw. Winkelung der Unterbäume nach hinten,

● einer Verlängerung der Unterbäume,

● einer größeren Aufwölbung des Mundstücks (Zungenfreiheit), teilweise mit eingearbeiteten Röllchen.

Verlängerte Unterbäume finden sich bei Western Bits und (siehe Seite 48) Gangpferde-Kandaren. Zwischen ihnen sollte eine »Distance Bar« angebracht sein. Diese Verbindungsstange hält die Unterbäume ruhig und stabilisiert die Lage des Gebisses im Maul.

*Western Bits werden grundsätzlich mit einem Zügelpaar benutzt.*

Western Bits in ihren mannigfaltigen Spielarten werden mit einem Zügelpaar geritten und nicht mit einer Unterlegtrense kombiniert.

*Beliebte Western Bits fürs Gelände- und Wanderreiten*

● Einfache Westernstange, auch Kleine Stange genannt, mit sanfter Zungenfreiheit und nicht zu langen Bäumen,

● Grazer Bit mit leichter Zungenwölbung und nach hinten gebogenen relativ kurzen Unterbäumen,

● Sweet Mouth mit gebogener Stange und weit zurückgebogenen Unterbäumen, die die Hebelwirkung bei Aufnahme des Zügels stark abmildern.

### Echtes Pelham

Das in England entwickelte Echte Pelham entspricht vom Aufbau her der klassischen Kandarenform. Das Mundstück ist etwas vorgebogen. Der Oberbaum ist kurz; der Unterbaum, in dem der Zügel befestigt wird, ähnlich lang wie der einer klassischen Kandare. Im Unterschied zur klassischen Kandare sind zusätzlich rechts und links am Mundstück Ringe angebracht. Bei korrekter Benutzung wird in diese seitlichen Ringe ein weiteres Zügelpaar eingeschnallt. Diese Zügel

**Echtes Pelham: Direkt am Mundstück befinden sich Ringe für ein zweites Zügelpaar.**

## ! Beachte:

Während in England das Pelham (fast) immer korrekt mit zwei Zügelpaaren geritten wird, sieht man hier viele Reiter, die es nur mit einem Zügelpaar (im Unterbaum) benutzen.

Ebenso falsch (doch häufig zu sehen) ist es, ein Verbindungsriemchen zwischen »Trensenring« und Unterbaumring anzubringen und je einen Zügel in dieses »Pelham-Riemchen« einzuschnallen. Dadurch wird die feine Einwirkung aufs Pferd verfälscht!

wirken wie Trensenzügel, die in den Unterbaum geschnallten Zügel wie Kandarenzügel. So wirkt das Echte Pelham mehr oder weniger wie die Klassische Dressurkandare in Verbindung mit der Unterlegtrense. Sie als Reiter entscheiden selbst, ob Sie wie bei einer Trense oder wie bei einer Kandare auf Ihr Pferd einwirken möchten.

### Gangpferde-Kandare

Die meisten Spielarten der Gangpferde-Kandare (der großen Gangpferderassen wie American Saddlebred Horse, Tennessee Walker u. a.) ähneln dem Pelham-Prinzip. Sie besitzen jedoch unterschiedlich ausgeformte Mundstücke und meist lange Unterbäume mit einer Verbindungsstange. Diese Gangpferde-Kandaren werden mit zwei Zügelpaaren geritten!

### Kandaren mit gebrochenem Mundstück

Eine scharfe Abwandlung der klassischen Form ist das gebrochene Mundstück. Es findet sich als einfach oder doppelt gebrochenes Gebiss oder mit zusätzlichen Röllchen sowohl bei den Western Curb Bits (mit einem Zügelpaar geritten) als auch bei den Pelham-Gebissen (mit zwei Zügelpaaren geritten) und bei der Isländischen Kandare. Diese Kandaren zählen zu den Spezialgebissen (siehe nächstes Kapitel).

**Die langschenkeligen Kandaren großer Gangpferde werden stets mit zwei Zügelpaaren geritten.**

### Hebelform und -länge

Die Hebelarme (auch Anzüge oder Bäume, englisch Shanks) sind gerade oder leicht zurückgebogen und entweder fest oder beweglich am Mundstück angebracht. S-förmige – wie früher bei der Kavallerie üblich – oder ellbogenförmige Unterbäume sieht man heute gelegentlich wieder. Die geschwungene Form hindert das Pferd daran, die Unterbäume mit den Zähnen zu fangen. Die Wirkung langschenkeliger Unterbäume ist schärfer. Allerdings erreicht der Druck erst später das Pferdemaul und kann feiner dosiert werden. Kurzschenkelige Unterbäume drücken schneller und direkter auf die Pferdezunge.

### Kinnkette und -riemen

Bei den meisten Kandaren stabilisiert eine Kinnkette aus Edelstahlgliedern oder ein Kinnriemen aus Leder oder Nylon das Gebiss im Pferdemaul. Gerade noch zwei Finger dürfen zwischen Riemen und Pferdekinn passen.

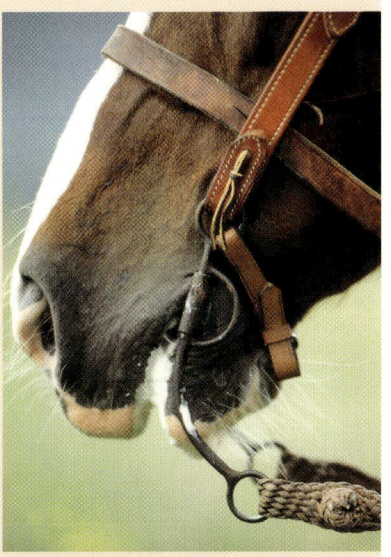

Zwischen Pferdekinn und Kinnriemen müssen noch zwei Finger Platz finden.

**!**

## Bitte beachten Sie:

Die Kandare liegt richtig, wenn bei leicht aufgenommenem Zügel die Unterbäume mit der Maulspalte einen Winkel von 45 Grad bilden.

## Zügelhaltung

### Bei der Klassischen Dressurkandare

Reiten Sie mit behandschuhter Hand mit zwei Zügelpaaren. Der Trensenzügel läuft meist um die Hand unter dem kleinen Finger, der Kandarenzügel zwischen kleinem und Ringfinger hindurch.

### Beim Western Bit

Reiten Sie mit einem Zügelpaar, das Sie überwiegend einhändig bedienen. Suchen Sie nicht die Anlehnung, sondern geben Sie Ihre Hilfen impulsartig, wenn Sie Gangart und Tempo ändern möchte. Lenken Sie das Pferd über den Hals. Bei dieser indirekten Zügelführung (neck reining) weicht das Pferd dem äußeren (seinen Hals berührenden) Zügel.

**Zum Dressurreiten gehört die behandschuhte Hand!**

**!** 

## Wichtiger Hinweis:

Bei der Iberischen Reitweise und der Gardianreitweise reitet der Reiter bei einhändiger Zügelführung mit »angefasster Kandare«, also mit Anlehnung, ohne dass das Pferd daran gehindert wird, seine Kraft nach vorn zu entwickeln. Das setzt ein weit ausgebildetes Pferd voraus. Es muss sich unter dem Reiter ausbalancieren, ohne sich mit dem Maul auf dem Gebiss abzustützen.

### Beim Echten Pelham

Benutzen Sie das Echte Pelham stets mit behandschuhter Hand mit zwei Zügelpaaren (damit Sie die beiden Zügel gut auseinander halten können, darf der untere Zügel schmaler und länger sein). Reiten Sie mit »geteiltem Zügel«: Der obere Zügel verläuft unter Ihrem kleinen Finger, der untere zwischen Mittelfinger und Zeigefinger. Der untere Zügel hängt ein wenig (aber niemals ganz) durch.

**Das auf Stange gezäumte Westernpferd wird einhändig geritten.**

# Spezialgebisse und Zwischenformen

Ein umsichtiger Ausbilder weiß, welche Zäumung er im jeweiligen Ausbildungsschritt einzusetzen hat. Leider nutzt nicht jeder Pferdebesitzer die Gelegenheit, sich und sein Pferd seriös schulen zu lassen. Oft soll dann ein Fachmann helfen, Schwierigkeiten auszuräumen. Dazu benutzt er gelegentlich Spezialgebisse – besondere Trensen oder Kandaren – oder Zwischenformen zwischen Kandare und Trense.

Spezialgebisse – hier eine Isländische Kandare – gehören in die Hand des Könners!

## Spezialtrensen

Die echte Trense in ihren vielen Spielarten ist das Universalgebiss für die Grundausbildung von Pferd und Reiter und alle Sparten des Freizeitreitens. Darüber hinaus gibt es Spezialtrensen, die – von sachkundiger Hand kurzzeitig eingesetzt – Ihrem Pferd in einer Ausbildungsphase oder bei einem Problem weiterhelfen können. Spezialtrensen weisen Besonderheiten in der Beschaffenheit von Mundstück oder Trensenringen auf.

**!**

## Ein Rat vorweg:

Um Ihrem Pferd keinen Schaden zuzufügen, setzen Sie bitte Spezialgebisse niemals ohne Rücksprache mit Ihrem Ausbilder ein. Nur er kann Ihr Können und die Eignung des Gebisses für Ihr Pferd einschätzen.

**Löffel- oder Zungenstreckertrense**

Bei einem zu leichten oder zu tief eingelegten Mundstück kann ein Pferd sich angewöhnen, die Zunge über das Gebiss zu legen. Um dies zu verhindern, wurden Zungenstrecker- oder Löffeltrensen entwickelt. Die früheren großen Aufsätze auf dem Mittelteil des Gebisses hat man heute durch löffelähnliche »Scheibchen« ersetzt.

**Rollentrense**

Die Rollentrense wird gelegentlich bei hochblütigen Pferden eingesetzt. Sie kombiniert eine bestimmte Form (bewegliche Rollen) meist mit einem besonderen Material (Kupfer). Die Rollen beschäftigen die Zunge, Kupfer regt den Speichelfluss an. Das kann auf nervöse Tiere eine ablenkende und beruhigende Wirkung haben.

**Aufziehtrense**

Die Aufziehtrense soll ein Pferd, das dazu neigt, sich auf den Zügel zu legen und in der Hand »schwer« zu werden, wieder aufrichten und »leicht« machen. Das Besondere sind die Ringe, die über je eine Öffnung oben und unten verfügen. Durch diese Öffnungen wird ein langer Zügel geführt. Oder es wird ein durch die Ringe geführtes Verbindungsstück mit Schnalle oben (zum Befestigen am Kopfstück) und Ring unten (zum Befestigen der Zügel) gleich mitgeliefert.

Rollentrense: hilfreich bei nervösen Pferden.

### Ringtrense

Die Besonderheit der Ringtrense sind fest am Trensenring oben und unten angebrachte zusätzliche Ringe. Oben wird das Kopfstück befestigt. Der Reiter kann nun ein Zügelpaar in den »normalen« Trensenringen und ein weiteres in den unteren Ringen verschnallen. Bei der Schenkelringtrense ist nur ein großer Trensenring vorhanden, der jedoch oben und unten je eine zusätzliche Öffnung (für Kopfstück und Zügelpaar) besitzt und bei dem ein Steg als Verbindung zwischen Mundstück und Trensenring dient (ähnlich wie bei der Knebeltrense). Das Aufnehmen des unteren Zügelpaares erzeugt eine leichte Hebelwirkung. Ringtrensen werden für heftige Pferde empfohlen.

## Zwischenformen

Zwischenformen und Übergangszäumungen versuchen, die Eigenschaften von Trensen und Kandaren zu kombinieren. Sie wollen, wie eine Trense, das Pferd seitlich führen und es zugleich, wie eine Kandare, aufrichten. Vereinfacht ausgedrückt werden dazu entweder Trensengebisse mit Hebeln ausgestattet oder Kandarengebisse mit kurzen Hebeln benutzt.

### Kimblewick oder Springkandare

Das Kimblewick – auch Springkandare genannt – ist eine beliebte Zäumung für das Gelände- und Jagdreiten, jedoch ungeeignet für dressurmäßiges Reiten. Vom Aufbau her ist es eine Kandare mit leichter Zungenfreiheit und extrem kurzen Anzügen, die ähnlich wie ein D-Ring geformt sind. Beim Original-Kimblewick wird der Zügel in diesen D-Ring eingeschnallt. Hier gleitet er auf und ab und wirkt einmal oben (wie bei einer ungebrochenen Trense), einmal unten (wie ein Kandarenzügel) ein. Bei einer neueren Spielart sind in den D-Ring zwei Öffnungen eingelassen. Der Reiter entscheidet, wo er den Zügel einschnallt. Ein situationsbezogenes »Spielen« mit dem Zügel ist leider nicht mehr möglich.

### Snaffle Bit with Shanks

Das Snaffle Bit with Shanks ist eine dünne Wassertrense mit Anzügen und Kinnriemen. Es wird als Übergangszäumung zwischen Snaffle Bit und Westernkandare eingesetzt. Während das Pferd noch beidseitig über den Zügel kontrolliert wird, lernt es die Hebelwirkung der Anzüge kennen. Gute Ausbilder bevorzugen für eine genauere Hilfengebung Snaffle Bits with Shanks, die mit zwei Zügelpaaren gebraucht werden.

## Spezialkandaren

Zur Korrektur von Pferden, im Wettkampfsport oder zur Verfeinerung eines weit ausgebildeten Pferdes werden gelegentlich Spezialkandaren eingesetzt. Sie zeichnen sich durch besondere Mundstücke und/oder beweglich angebrachte, oft lange Hebel aus und gehören ausschließlich in Expertenhand.

Als Übergangsgebiss gilt das Snaffle Bit with Shanks.

### LTJ-Trainingsgebiss

Ein scharfes – dennoch häufig bei Freizeitreitern zu sehendes – Gebiss ist das von der Pferdetrainerin Linda Tellington-Jones eingeführte LTJ (= Linda Tellington-Jones)-Trainingsgebiss. Es besteht aus einem Mundstück mit hoher Zungenfreiheit und Kupferrolle. Die langen Seitenteile sind beweglich; der Unterbaum ist lang und leicht zurückgebogen. Die Vorschrift, das Gebiss mit zwei Zügelpaaren zu benutzen, bleibt meist zu Lasten der Pferde unbeachtet. Linda Tellington-Jones empfiehlt dieses Gebiss für »trensensaure« und nervöse Pferde. Der obere (Trensen-)Zügel beruhigt und verhindert, dass der Hals des Pferdes sich aufrollt, der untere (Kandaren-)Zügel »rundet« den Hals und soll das Durchparieren erleichtern.

### Spade Bit

Fortgeschrittene Westernreiter achten beim Einsatz der verschiedenen Curb Bits (Westernkandaren) vor allem auf die Ausformung des Mundstücks. Eine hohe Zungenfreiheit – High Port Bit – wirkt mehr auf die empfindlichen Laden des Pferdes, ein Gebiss ohne oder mit niedriger Zungenfreiheit – Low Port Bit – auf die muskulöse Zunge. Hat das Westernpferd einen so hohen Ausbildungsstand erreicht, dass angedeutete Zügelhilfen für eine Lektion reichen, setzt man gelegentlich ein Spade Bit ein. Auf dem geraden Mundstück befindet sich ein löffel- bis spatenförmiger Aufsatz – Spade genannt. Solche Gebisse gehören ausschließlich in Könnerhand!

## Isländische Kandare

Auch die für Islandpferde entwickelte Isländische Kandare bedarf eines sehr guten Reiters und eines kandarenreifen Pferdes. Am gebrochenen Mundstück sind die Seitenteile beweglich angebracht. Das Gebiss wird wie eine normale Trense eingepasst, die Kinnkette locker verschnallt. Diese Spezialkandare wird nur im Gelände auf gut ausgebildetem Pferd und vom Sportreiter in Tölt-, Fünfgang- und Passprüfungen verwendet.

**! Wichtiger Hinweis:**

Gebrochene Kandarengebisse sind viel schärfer als ungebrochene, da sie sich beim Anziehen der Zügel in den Gaumen des Pferdes bohren. Kommen beweglich angebrachte Seitenteile hinzu, wird die Hilfengebung in unkundiger Hand ungenau, was das Pferd völlig verunsichert.

Gut zu sehen: die beweglichen Seitenteile der Isländischen Kandare.

# Auf einen Blick

## Die Wahl der richtigen Zäumung

Jedes Pferd ist ein Individuum. Aus diesem Grund können Fragen wie »Welche Zäumung eignet sich für welche Ausbildungsphase?« und »Was kann bei Schwierigkeiten helfen?« nicht pauschal beantwortet werden. Der nachfolgende Überblick stellt daher nur einen ersten Wegweiser für die Wahl der geeigneten Zäumung bei Erziehung, Ausbildung und zur Behebung möglicher Schwierigkeiten dar. Die endgültige Wahl treffen Sie mit Ihrem Ausbilder.

Welche Zäumung für welchen Zweck? – Holen Sie sich Rat beim Fachmann.

## Grunderziehung

### Täglicher Umgang in Stall und Hof
- Lederhalfter
- Gewebebandhalfter
- Nylonrundhalfter
- Merothisches Reit- und Führhalfter

### Führtraining
- Lederhalfter und Gewebebandhalfter mit Führkette
- Nylonrundhalfter, Rundhalfter mit Verknotungen ohne Führkette
- Merothisches Reit- und Führhalfter, Kolumbianischer Bozal

### Gewöhnungsphase an der einfachen Longe
- Lederhalfter und Gewebebandhalfter
- Nylonrundhalfter
- Kolumbianischer Bozal mit angearbeitetem langen Führzügel

### Gymnastizierung an der einfachen Longe
- Einfach und doppelt gebrochene Trense
- Kappzaum
- Serreta mit Ausbindezügeln oder Halsverlängerer

### Gymnastizierung an der Doppellonge, Fahren vom Boden
- Einfach oder doppelt gebrochene Trense oder Kappzaum

**Dieses Wanderpferd trägt ein Kimblewick.**

**Trense: am besten geeignet fürs Geländereiten.**

## Reiten

### Anreiten

- Kappzaum
- Caveçon
- Serreta
- Sidepull
- Kolumbianischer Bozal
- Echte Hackamore
- Merothisches Reit- und Führhalfter

### Dressurmäßige Grundausbildung unterm Sattel

- Einfach, besser doppelt gebrochene Trense
- KK-Conrad-Schulungsgebiss
- Kappzaum kombiniert mit Trensengebiss

### Gelände-Freizeitreiten

- Einfach und doppelt gebrochene Trensen jeglicher Art
- Merothisches Ledergebiss
- Merothische Universalkombination
- Sidepull

### Gelände- und Jagdreiten

- Einfach und doppelt gebrochene Trense (leicht zu reitende Pferde)
- Kimblewick (eher unsensible Pferde)
- Echtes Pelham (etwas heftigere Pferde)

### Wanderreiten

- Einfach und doppelt gebrochene Trense
- Kimblewick (eher unsensible, in der Gruppe zum Pullen neigende Pferde)
- Sidepull
- Merothisches Ledergebiss
- Einfache Westernstange

## Korrektur

- Weichgummi- oder Nathegebiss (nervöse, ängstliche, sehr maulempfindliche Pferde)
- Doppelt gebrochene Trense oder Merothisches Ledergebiss (Hochreißen des Kopfes bei normaler Wassertrense)
- KK-Conrad-Korrekturgebiss oder Merothisches Ledergebiss (maulempfindliche Pferde)
- Knebeltrense (Schwierigkeiten bei seitlichen Wendungen)
- Weichgummi- oder Nathegebiss, doppelt gebrochene Trense (Steiger oder bockende Pferde ohne Neigung zum Pullen)
- Sidepull, milde, doppelt gebrochene Trense (bockende Pferde ohne Neigung zum Pullen oder Steigen)
- Kimblewick, Merothisches Ledergebiss, Echtes Pelham (Neigung zum Pullen)
- Merothisches Ledergebiss, Kimblewick, Ringtrense, Echtes Pelham (Durchgehen)
- Rollentrense (starke Nervosität)

**Gut für Anfänger: das Sidepull.**

## ! Wichtiger Hinweis:

Steigen Sie bei einem Problem niemals wahllos von einer Trensenzäumung auf eine gebisslose Zäumung, eine Kandarenzäumung und ebensowenig ein Spezialgebiss um, vor allem nicht bei Problemen wie Steigen, Bocken oder Durchgehen, bei denen Sie selbst in Gefahr geraten.

Suchen Sie nicht die Konfrontation mit dem Pferd, sondern stellen Sie es einem seriösen Ausbilder vor. Er wird es wahrscheinlich viele Ausbildungsschritte zurückführen und eine individuell zum Tier passende Zäumung wählen.

- Dünne Wassertrense (Snaffle Bit; sture, eher faule und maulunsensible Pferde)
- Milde, doppelt gebrochene Trense (Scheuen)
- Weichgummi- oder einfaches Nathegebiss, milde, doppelt gebrochene Trense, KK-Conrad-Schulungsgebiss, Merothisches Ledergebiss, Merothisches Reit- und Führhalfter, u. U. Sidepull (Kopfschlagen)

**Lernspaß: wie wirkt was?**

## Informieren Sie sich!

Das Thema Zäumungen ist, wie Sie nun gelesen haben, auch für Freizeitreiter wichtig. Leider wird in den meisten Reitschulen im Unterricht erst selten darauf eingegangen. Auch Fachliteratur ist nicht in wünschenswertem Umfang vorhanden. Die vom FN-Verlag der *Deutschen Reiterlichen Vereinigung e.V.* (Freiherr-von-Langen-Str. 13, D-48231 Warendorf) herausgegebenen Publikationen sparen derzeit noch weitgehend die Zäumungsarten aus, die in den letzten Jahrzehnten mit ausländischen Rassen und Reitweisen zu uns gelangten. Einige dieser Zäumungen wurden von der Hippologin *Ursula Bruns* in ihrem *FS-Testzentrum* (Frankenstraße 37, D-48734 Reken) ausprobiert. Hier können Sie unter Umständen noch vorliegende Testberichte erhalten. Sie sollten selbst versuchen, wo immer möglich Wissenswertes zusammenzutragen. Regen Sie Ihre Reitschule oder Ihren Ausbilder, Ihre reitsportliche Vereinigung oder die Interessengemeinschaft, die Ihre Rasse betreut, an, theoretische Schulungen und praktische Demonstrationen zu veranstalten, und halten Sie gezielt nach Publikationen und Vorträgen Ausschau. Hinweise zu wesentlichen, für Freizeitreiter geeignete Zäumungen finden Sie auch in dem von der Autorin dieses Ratgebers verfassten Werk »*Freizeitreiten von A bis Z*«, Verlag Müller Rüschlikon, Cham, Schweiz, ISBN 3-275-01270-3.

Die Deutsche Bibliothek –
CIP-Einheitsaufnahme

Ein Titeldatensatz für diese Publikation ist bei Der Deutschen Bibliothek erhältlich

**Bildnachweis**
Christine Lange: Seiten 10, 11, 13, 15, 17, 20, 21 unten, 22, 24, 25, 27, 28, 30, 31, 33, 35, 36, 38, 40, 42, 47, 49, 53, 55, 57, 59
Lothar Lenz: Seiten 1, 2/3, 4 links, rechts, 5, 6, 7, 8, 9, 12, 16, 18, 19, 21 oben, 26, 29, 32, 34, 37, 41, 44, 45, 46, 48, 50, 51, 52, 58, 60, 61, 62
Umschlagfotos: Titelfotos: alle Lothar Lenz
              Rückseite: alle Lothar Lenz

Umschlaggestaltung: Studio Schübel, München
Layout: Parzhuber & Partner, München
Redaktion: Renate Hausdorf
Satz und Herstellung: Renate Hausdorf
Lektorat: Claudia Daiber

BLV Verlagsgesellschaft mbH München Wien Zürich
80797 München

© 2000 BLV Verlagsgesellschaft mbH, München

Gesamtherstellung: Appl, Wemding

Printed in Germany · ISBN 3-405-15970-9